Kleine Gedanken aus der Kopfschublade

von Fulvio D'Agostino der zauberhaften Schreibmaschine gewidmet

Über den Autor:

Fulvio D'Agostino ist als halber Italiener, halb Schweizer am Bodensee, im Kanton Thurgau, aufgewachsen.

Er studierte klassische Gitarre an der Zürcher Hochschule der Künste Zürich und ist nun als Gitarrenlehrer und Musiker im Kanton Zürich tätig.

Neben der Musik widmet sich Fulvio D'Agostino auch vielen anderen Formen der Kunst.

Er lebt mit seiner Familie in der Zürcher Kulturstadt Winterthur.

Weitere Informationen unter:

www.fulviodagostino.com

Fulvio D'Agostino

GEISTESFETZEN

Impressum

Bibliografische Information der Deutschen Nationalbibliothek:
Die Deutsche Nationalbibliothek verzeichnet diese Publikation in der Deutschen Nationalbibliografie;
detaillierte bibliografische Daten sind im Internet über http://dnb.dnb.de abrufbar.

© 2024 Fulvio D'Agostino

Zeichnungen: Fulvio D'Agostino

Gestaltung: Fulvio D'Agostino

Herzlichen Dank an Margrit und Ueli Gertsch

Verlag: BoD · Books on Demand GmbH, In de Tarpen 42, 22848 Norderstedt, bod@bod.de

Druck: Libri Plureos GmbH, Friedensallee 273, 22763 Hamburg

ISBN: 978-3-7693-2811-0

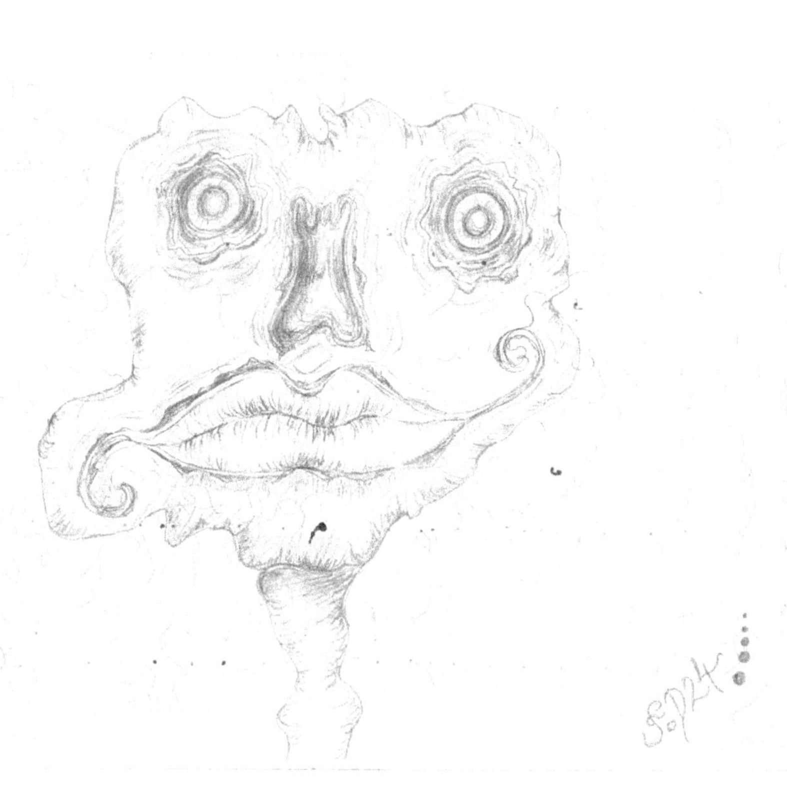

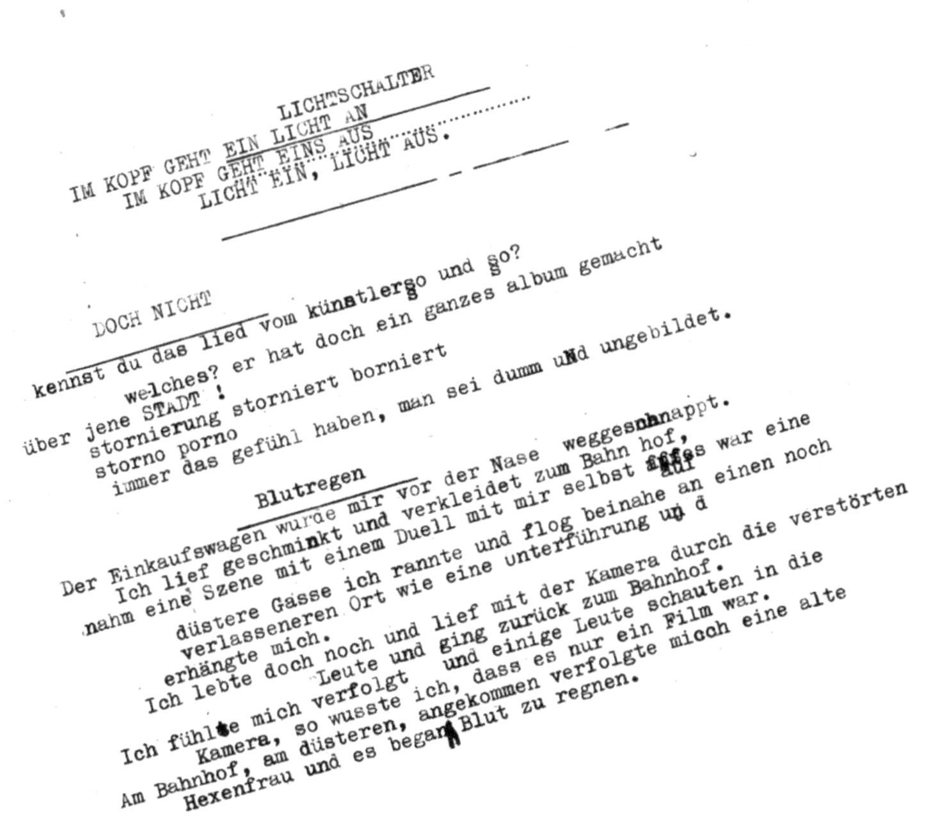

LICHTSCHALTER
IM KOPF GEHT EIN LICHT AN
IM KOPF GEHT EINS AUS
LICHT EIN, LICHT AUS.

DOCH NICHT
kennst du das lied vom künstlergo und so?
welches? er hat doch ein ganzes album gemacht
über jene STADT !
stornierung storniert borniert
storno porno
immer das gefühl haben, man sei dumm und ungebildet.

Blutregen
Der Einkaufswagen wurde mir vor der Nase weggeschnappt.
Ich lief geschminkt und verkleidet zum Bahnhof,
nahm eine Szene mit einem Duell mit mir selbst auf. es war eine
düstere Gasse ich rannte und flog beinahe an einen noch
verlasseneren Ort wie eine unterführung un d
erhängte mich. Ich lebte doch noch und lief mit der Kamera durch die verstörten
Leute und ging zurück zum Bahnhof.
Ich fühlte mich verfolgt und einige Leute schauten in die
Kamera, so wusste ich, dass es nur ein Film war.
Am Bahnhof, am düsteren, angekommen verfolgte mich eine alte
Hexenfrau und es begann Blut zu regnen.

Die Maus

O Schreck, o Graus, ne Maus!
sie sieht aus wie ne Maus!
Auf dem Haupthaar grau und kraus
sitzt frech und keck eine Laus.
Sie schaut von ihrem Haus
gebannt aus dem Fenster raus.
Und nun ist die Geschichte aus.

Alle Gleich

Gleich sehen alle aus
Lachen tun sie gleich
Essen alle das Selbe
Internettt nutzen sie wie gestört
Clownesker Kleidungsstil
Haarschnitt ist identisch

Allesfresserfetzen

DIE ALLESFRESSER

Sind wir wirklich Omnivoren?
Diese Frage lässt sich vielleicht
anhand von Höhlenmalereien, wo Tiere abgebildet sind
mit einem stolzen JA mit geschwellter Brust herausposaunen.
Nun fragt man sich vielleicht was vor der Steinzeit war oder
warum einige Menschen ein schlechtes Gefühl beim Verzehr von
Lebewesen verspüren.
Diese Empathie ist bei mir vorhanden und i ch
habe große Mühe damit, wenn man Lebewesen
zum Genuß tötet.
quält.
verletzt.
missbraucht.
züchtet.
_ich_muss_weinen._ _ _   :_-)

                        O

                .

Verruchtheit
draufgängerisch, so ists gut.
verrückt und verwegen und so weiter und sofort
sofort so fort.
Ei n verruchter Gedankenfetzten war das.
verrucht verwegen
verwegen verrucht
Verwegenheit Verruchtheit
verwegene Verruchtheit
verruchte Verwegenheit
ENDE

GLAS

ich gehe kaputt wie ein glas, das zu boden fällt und zersplittert
in kleine teilchen, in mikroteilchen und fühle mich so zerstückelt
, so zerbrochen, so elendig geschunden und bleibe haften auf
glas, obwohl ich selber zerbrechlich bin wie
glas und bereits zerbrochen bin.

Graue Fetzen

Grau

Genau genommen ist es ein warmes und ein kalt es grau,
welches heute ko mbiniert wurde, was den Träger mit der Kaki
- farbenen Jacke und den braunen Schuhen verunsichern und ihn
zu Papier und Stift greifen lassen, passen die Schuhe
wenigstens und die Socken + der Gurt zusammen, jeedoch ist er nicht
gekämmt, der Herr, und unrasiert; alles in allem ein grauer Brei.
Stinkt grau wie Sau! Die Hose ist auch noch gerissen, au!

Das Netz

IM NETZ VERGEB;ICH ETWAS SUCHEN UND NICHT FINDEN.
im Spinnennetz etwas wollen und nicht haben können.
IM FISCHERNETZ etwas fischen und nicht fangen können.
im straßennetz fahren und sich verirren.
vernetzt sein und doch verloren.

<u>AM HORIZONT</u>

Zweierlei Horizonte erblicke ich.
Zweierlei Horizonte leuchten für Dich.
Zweierlei Horizonte treffen sich.
Zweierlei Horizonte wirken wie ein Spliff.
Zweierlei Horizonte "a merry christmas I whisch.
Zweierlei Horizonte Sprachen ich misch.
Zweierlei Horizonte a kiss.
Zweierlei Horizonte kennen nur die Fisch?
Zweierlei Horizonte und ich erlisch.
Zweierlei Horizonte.................
Zweierlei Horizonte.............
Zweierlei Horizonte......

<u>Duo Zweizeiler</u>

Plötzlich bei einer schwarzen Scheibe
nicht mehr sicher sein, ob sie im Ohr bleibe,

ihre Schallwellen verursachen lachen oder weinen, weine!
Am späten Abend die Scheibe mit Arm und Kopf auf die Beine

stellen und drehen und drehen wie der Hund an der Leine
Genesis unter der Nadel, ob es schlecht ist oder feine

und ob das Urteil ist jedem das Beine
Schließlich ist die schlechte Meinung meine.

SCH***

ALLES IST SCH***

Stegboron, Erfmotinga, Munsterlin, Rumanishorn + Exsentia [1]

Der LACUS POTAMICUS ist quasi ein Meer und wird ja auch
als SCHWÄBISCHES MEER bezeichnet.
Stegboron, der Baron
Erfmotinga, lässt ihn springa
Munsterlin, hat einen Spleen
Rumanishorn, jagt ihn ins Bockhorn
Exsentia, sperrt ihn ein für immer

EXSIENTIA Dan folgt der Ritt über den Bodensee.

FLURNAMEN AHOI, flurnamen ahoi, flurnamen, flurnamen

RÜCKENSCHMERZEN

Aua, mein Rücken stickt mir in die Lunge, sodass ich
fast keine Luft kriege.

Die Sanduhr rieselt und das schlechte Gewissen bohrt
sich in meinen Kopf, der zwei angestrengte Kugeln
mit Netzhaut trägt und von einem verkrampften Nacken
gestützt wird.

Die Sanduhr läuft und läuft und läuft und läuft und läuft
und hält vielleicht auch bald an, vielleicht bekommt sie auch
Rückenschmerzen und ein hohles Kreuz wie ich selbst.
Tschau!

Es ist Fluch + Segen, verteufelt und verwegen.
Mit einem Degen stehe ich im Regen, verteufelt und verwegen,
Dahin ist mein Leben, verteufelt und verwegen.

In Buchs

Ein Fuchs wuchs und wuchs in Buchs
Des Luchs Versuchs scheiterte, juchz
Dem Fuchs Haarwuchs gelang mit Hilfe eines Badetuchs
Auch der Dachs gelierte sich mit Wachs eines Lachs
Die Veröffentlichung seines Buchs schaffte nie der Luchs
Fuchs, Luchs und Dachs blieben kleben für immer im Bienenwachs.

....
Überlegung

überlegen was als nächstes tun
überlegen was als nächstes kommt
überlegen überlegen
überlegen was schreiben
überlegen was treiben
überlegen welche handlung vollziehen
überlegen überlegen
überlegen was tippen
überlegen ob ein bierchen kippen
überlegen überlegen
überlegen ob noch mehr
überlegen ob genug
überlegen überlegen über die überlegung +++++++++
+++

GESPRÄCH

I4 Minuten und etwas dauerte unser Telefonat.
840 Sekunden und etwas mehr.
Was sagt man sich eigentlich in dieser Zeitspanne?
Was würde jemand zum anderen gerne unbedingt noch sagen,
bevor....
man auflegt.
Einfach die Stimme des anderen hören ist etwas, was gut
tun kann; vierzehn Minuten des Lebens für ein
Telefongespräch aufbrauchen.
Es ist ein schöner Luxus, Muße, aber es, die Ruhe für
dies zu finden tut wirklich gut!

LEERLAUF

Noch einmal aus Versehen drauf gehen. Bilder im Kopf erscheinen, Leute bieten etwas an, andere wollen sich verkaufen. Nur abmelden möchte ich und kann es auch schlussendlich, aber es geht mich wieder hunde-elend. Wobei Hünde es eigentlich meistens schön haben. Viele Hunde wirken ausgeglichen im Vergleich zu mir. War die vorige Tätigkeit, die mich hundeelend fühlen ließ für die KATZ? :)

Ruiniert bin ich, ruiniert, eine ruinierte Ruine!

PFLANZEN UND KAFFEE

ABERMALS TU ICH MIR DIE FRAGE STELLEN, OB PFLANZEN ETWAS WIE SCHMERZEN EMPFINDEN UND OB KAFFEE MIT RECHTEN DINGEN UND RICHTLINIEN HERGESTELLT WIRD.

NUN VERMUTET MAN, DASS? ODER BESSER GESAGT, MAN HAT ES BEREITS ERFORSCHT? DASS PFLANZEN AUF SCHÄDLINGE REAGIEREN UND UNTEREINANDER UNTERIRDISCH KOMMUNIZIEREN. AUCH ÄNLICH WIE BEI MENSCHEN GIBT ES SOGENANNTE MUTTERBÄUME? DIE IHRE SÄMLINGE "FÜTTERN" DURCH EINE ZUCKERFLÜSSIGKEIT ÜBER EBENDIESE PILZGEFLECHTE.

kaffe wird oft auch mit bienenwachs überzogen, sodass diese ~~Bohnen~~ bohnen-geschützt sind. nun entspricht das eben leider nicht der moralvorstellung einiger menschen, und nun muss ich sagen, dass ich auch sehr darauf schaue, denn kaffee ist mir heilig und ist mein Zaubertrank.

Taube Leoparden

Es gibt einen Film, wo jemand, ein Herr, alles lebendig wieder herausscheißt, was er zuvor gegessen hat.
Leider weiß ich den Titel dieses Filmes nicht mehr.
Manchmal habe ich das Gefühl, dass viele Leute taub sind, sie sind etwas zu sehr zugestöpselt mit Musik oder sonst etwas abisoliert. Dabei wäre doch etwas mehr Offenheit und Kommunikation über die Augen schön.
Ich selber höre auch sehr gerne für mich Musiik; Die Tauben Leoparden haben§ mir angetan! oder der einzelne taube Leopard, der taube Leopard.

Gelbe Felsen

Vor meinem inneren Auge schimmern verschwommen eine Serie gelber Felsen. Was die wohl mit der Realität zu tun haben, frage ich mich während ich dies hier auf der alten Schreibmaschine tippe.
Nun gehe ich einen Westernfilm schauen.

Kontrollfetzen

Überkontrollieren

Zweimal schauen, doppelt hinsehen, überprüfen,
ob man dasnGesehene auch tatsächlich gesehen hat, doppel-
belichten, zweimal kann ein Mensch die selbe Handlung oder
Tätigkeit ausführen, beim dritten M würde man sich nicht mehr
konzentrieren können, da das Hirn die Handlung dann als uninteresant
einstufen würde, deshalb schaue man dreimal hin oder führe
eine Handlung 3x aus, um sie sicher in allen erdenklichen Situationen
vollkommen zu beherrschen; überkontrollieren!

HAARBÜRSTE

Wer eine schmutzige Haarbürste hat, der hat sein Leben
nicht im Griff.
Wie also reinigt man seine Haarbürste?
Oder bringt man zuerst sein Leben in Ordnung?
Ein Mensch, der Haarausfall hat und noch fettige
restliche drei Haare, der hat das Leben weniger im Griff,
als einer, der eine volle Haarpracht trägt wie ein Löwe.
Nun sei noch hinzugefügt, dass ein solcher Löwe seine Mähne
dann auch noch gründlich schädlichem, für den ganzen Körper giftigen)
Schampoo wäscht.
Zurück zur Haarbürste: Immer schön mit Wasser reinigen,
so ist man selbst auch mit allen Wassern gewaschen im Leben!
Brigitte
g

NICHTS

Durchsichtbare Fetzen

DURCHSICHTBAR

NEIN, es heißt unsichtbar!
WAS IST ES EIGENTLICH FÜR ~~R~~ EINE FARBE? ~~wodurch man das~~

dursichtbar, nein, unsichtbar ode~~e~~r durchsichtig?
ES hat verschiedene Farben, je nachdem, ~~wodurch man das~~
das
welche Farbe das Objekt hat, ~~wodurch~~ man dadurch anschaut.
Was, Du hast das nicht mitbekommen, was in den Nachrichten jetzt ständig
gebracht wird??
Die Welt geht unter und Du weißt es nicht. Stattdessen
fr~~a~~agst Du Dich welche Farbe ode~~e~~ wss für eine Farbe
durchsichtbar, nein, unsichtbar ode~~r~~ durchsichtig hat!
Gedankenfetzen Rückenschmerzen, Karpaltunnelsyndrom, Sehnenscheiden-
entzündung, Bandscheibenvorfall und eingeklemmter Ischias.
Und du kommst mit dursichtbar, durchsichtig!

Welches ist da~~s~~ beste Bon Jovi Album?
Wo laufen Konzerte, wo und was läuft im Kino?
Die Steigung wird bearbeite~~t~~ und dan~~n~~ heruntergefahren.
Nochmals und abermals wird der Posteingang und die kleinen Briefchen
gecheckt, geprüft,kontrolliert und gesichtet.

Eine Mischung aus unsichtbar und durchsichtig ist doch eine
coole Farbe! Es sind alle nur erdenklichen Farben. Welche man
sehen möchte, die wird einem offengelegt.
Das schlechte Ge wissen plagt mich und plagt und plagt und plagt.
Cellokonzert und was sonst noch.
Fressucht und Schmerzen und Musicals, die keinen Sinn ergeben.
Ich möchte reden, meinen Schmerz loswerden, die Höllenqualen im Kopf.
ES MUSS EIN ENDE NEHMEN!

So und nun verabschiede ich mich von den durchscheinenden und transparen-
ten pleonastischen Gedanken.
Bye bye!

DAS UNTIER

das untier in mir möchte kontrollieren, verlassene orte
inspizieren, sachen redigieren, prüfen ob, hinterfragen, unzufrieden sein,
7 oder mehr sind die WIEDERHOLUNGEN, manchmal 2I, manchmal bloß 3.
UNTIER lass mich frei!

Rheinfetzen

EINE BURG

AM SEE, NEIN BESSER GESAGT AM MEER STEHT SIE,
SIE DIE ANMUT IN PERSON? DIE GRAZIE DES MEERUFERS
ES GELINGT EINEM NICHT? ZU IHR ZU GELANGEN, VOR ALLEM WENN
MAN NICHT GERADE SPENDIERHOSEN TRÄGT ODER FLÜSSIGES HAT.
NUR SICH NACH IHR SEHNEN KANN MAN
UND SICH VORSTELLEN WIE SCHÖN ES WÄRE, SIE ZU BESUCHEN.

RHEIN

Etwa 84mal gehe ich oder laufe ich auf dem Rhein herüber auf
das andere Ufer.
Abgesehen davon überquere ich diesen Fluss auch noch in meiner Freizeit.
Der Rhein ist nämlich ein guter Freund von mir geworden in all diesen
Jahren, in denen er mich plätschernd, rauschend und strömend begleitet.

ZUM NACHDENKEN

Verlassene Fetzen

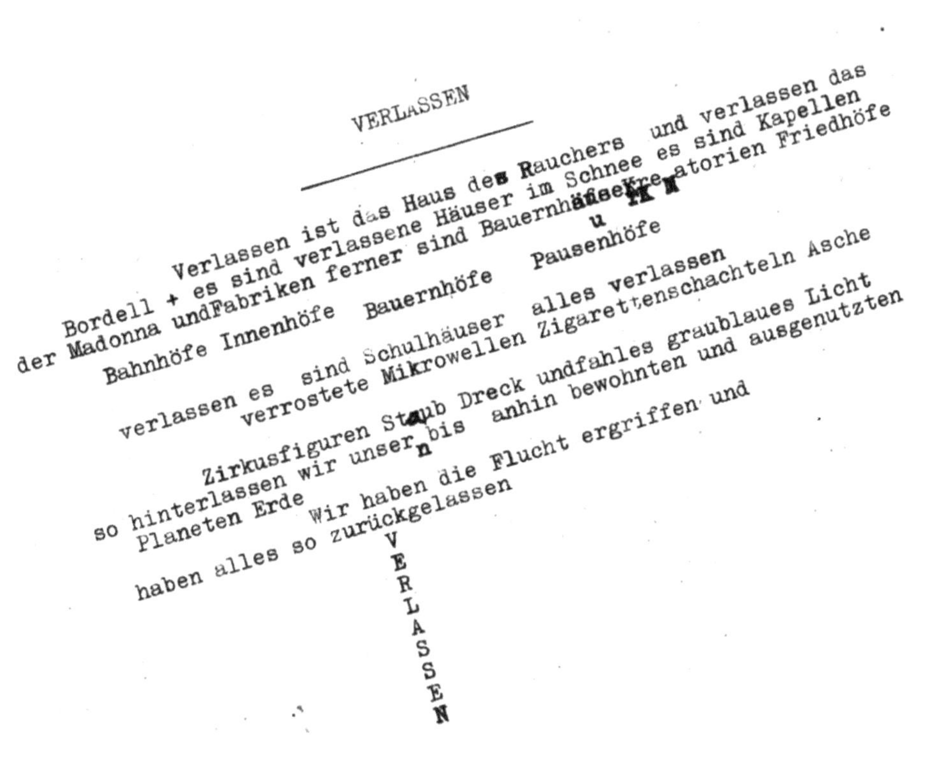

STROM AN, strom aus

der innere strom ist aus
möchte beten in meiner düsteren klaus'
regentropfen prasseln o graus
ich armselige graue Maus
fühle mich schuldig hören mich die da draus
strom an strom aus

DIIE VERSCHMELZUNG

ZWEI SEELEN KOMMEN ZUSAMMEN TREFFEN SICH KOMMEN
EINANDER NÄHER GEHEN EINEN PAKT EIN SIND
KOMPATIBEL KÖNNEN SICH MISCHEN VERMISCHEN ERGEBEN EINE NEUE
FARBEMÖGEN SICH LIEBEN SICH ES ENTSTEHT NEUES NEUES LEBEN
EINE FUSION ZWEIER ELEMENTE ERGEBEN SPANNENDES
NEUARTIGES NOCH NIE DAGEWESENES
NOCH NIE GESEHENES NOCH NIE VORHER
GESICHTETES ERFASSTES VOM AUGE EINES LEBEWESENS ODER MATERIE
ES IST DIE VERSCHMELZUNG.

Alphornfetzen

SCHLECHTE TÖNE

es gibt Schallwellen, die einen beFlügeln, die auf der Zunge zer-
gehen, die den InTellekt und den GeIst anregen, TönE, die
den Horizont erweitern. die inperfekt,
aber großartig durch dies sind.
DaNN gib es "falsche" SchaLLwellen, die einen hier und da mitreißen wollen,
aber hohl sind und perfekt.
ES sind schlechte Tö ne, die man nicht zu oft an sich heran-
und in sich hineinlassen sollte.
Die OhRen und das GeHirn werden einem danken!

ALPHORN

ETWAS STIMMT NICHT"
MEIN GESICHT BLEICH WIE ES IST
SIEHT ZWEIMAL SCHOCKIERT IN DEN SPIEGEL BEVOR ES DAVON FLIEGT WIE EIN FALTER
HÄNDE TUN WASSER INS GESICHT SPRITZEN? BIS ES ZISCHT?
OHREN ZUHALTEN GANZ DICHT,
DENN QUALVOLL SPIELT DAS ALPHORN DEN WALZER"

ERSCHROCKEN
____

```
      kaut TabaK
Kiefer
Augen sind 4 dA
Nun knallt   eine GuN
O je, wo sind die beiden hin, wO
Nur Schall + ToN
Erschrocken sind die Cowboys zu TodE
```

WAS IST LOS?
____

grün wiederholen sich die wiederholenden repetitiven wiederholungen
nochmals und abermals; immerfort grünlich wird mehrmals die selbe
handlung ausgeführt, mechanisch + hellgrün mit wiederholungszeichen
:‖ ‖:
und da capo im moto perpetuo, in einer endlosschleife nachgedoppelt
wie ein tonband oder ein loop; ein dauernd anhaltendes echo, ein delay mit
dem selben und gleichlauten ton beziehungsweise impuls oder reiz.
was ist los? was ist los? was ist los? was ist los? was ist los...

<u>POLIZEICODE</u>
EIN IRRER IST AUSDEM IRRENHAUS GEFLOHEN.
AUF DEM LINKEN OBERARM WAR DIE NUMMER 5150 tätowiert.
....   5 I   5   0   ....

ABERMALS
____

```
ABERMALS     ETWAS      TUN
ABERMALS     NIEMALS    RUHN                    gma
ABERMALS     WIE EIN    HUHN          GMA    gmaa GMAA
ABERMALS     BY THE     MOON             gmaa
ABERMALS     ES IST FERTIG NUN             gmaA gma
             " " " " " " " " " " " " " " "
```

5I50   kaufsucht   5I50
                    ____

giggerig nach mehr
giggerig nach neuem
  giggerig nach nochmals
  giggerig nach halbunbekanntem
giggerig nach ausgeben
      giggerig nach giggerigsein

vergeblich

vergeblich vergebeens etwas tun...
für nichts etwas machen...
für die Katz einen Schmatz...

WEINENDES KLAVIER

WEINENDES KLAVIER
WELCH TRAURIGE TÖNE
WESHALB DIESE TRÄNEN
WARTEST DU AUF MICH?
WOLLTEST DU, DASS ICH DIR SCHÖNE TÖNE ENTOCKE?
WELLIGES HAAR, KEINE LOCKEN
W ELCH WUNDERVOLL KLINGENDE WEIHNACHTSGLOCKEN!

VERGEBENS

kontrolle, gewissheit, sicherheit, perfektion,
inspektion, reinheit, sauberkeit, wiederholung,
neurose, absolutheit,
vergeblichkeit.

fertig

wie lange noch wie viele seiten wie viele
zeilen wie viele buchstaben wie viele gedanken
wie viel getippe wie viel rattern wie viel
wie viel wie viel?

Dampfölfetzen

EIN TRÖPFCHEN BENZIN   SPRIT

IST WAHRHAFTIG NUR NOCH EIN TRÖPFCHEN ~~BENZIN~~ DRIN?
HUOCHE HEISST ZUG AUF MANDARIN.
FEUERWAGEN IST DIE WÖRTLICHE ÜBERSETZUNG, DAS MACHT SINN.
QIYOU BEDEUTET AUF CHINESISCH BENZIN.
DAMPFÖL WORTWÖRTLICH, DA FÄLLT EINEM RUNTER DAS KINN.
FEUERWAGEN ODER DAMPFÖL DUR DICK UND DÜNN.
MEIN LIEBER FREUND ES TUT MIR LEID DEIN~~EN~~ AUFWAND,DIN !

fallen

einem gauner in die hände fallen
etwas kaufen wollen und dann doch lassen fallen
danach rückenschmerzen haben und in eine depression fallen
wie ein böser engel vom himmel fallen

EIN TRICERATOPS ISST QUINOAPOPS

ETWAS NICHT WISSEN

Ist es nicht wundervoll, wenn man etwas nicht wei§?
Ist es nicht Bescheidenheit, wenn man etwas nicht wei§?
 Ist es nichtGrö§e, wenn man etwas nicht wei§?
   Ist es nicht Weis e, wenn man etwas nicht wei§?
Ist es nicht Leben, wenn man etwas nicht wei§?

HIMBEERENKÖNIG UND ERDBEERFELDER

STRRRRRRRRRRAWWWWBERRY AND RRRRRRRRRRASPBERRY
                      =

DIFFERENCE?

                 THE END
                  THE END
                THE END
                   THE END
                   THE END
             THE END   THE END